VIE SAUVAGE

Les lémuriens

Alli Brydon

Texte français
du Groupe Syntagme Inc.

SCHOLASTIC

Ils sautent...
ils grimpent.
Ils bondissent...
et ils glissent!

Les lémuriens aiment s'amuser.

Ils vivent sur une île très spéciale.
On peut les voir s'accrocher aux branches
des arbres ou gambader sur la terre ferme.

Viens explorer le monde des lémuriens!

Si bien chez soi!

Les lémuriens vivent sur l'île de Madagascar. Ils bondissent et jouent dans les forêts luxuriantes, les montagnes rocailleuses et les marais humides.

Certains lémuriens vivent sur la terre ferme, mais la plupart préfèrent se faire une maison dans les arbres feuillus.

La vie sur une île

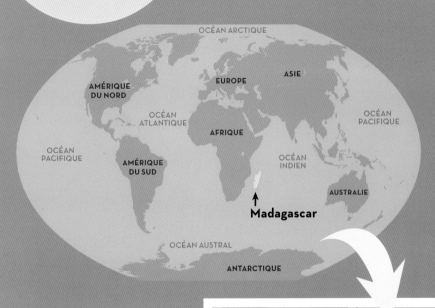

OCÉAN ARCTIQUE

AMÉRIQUE DU NORD

EUROPE

ASIE

OCÉAN ATLANTIQUE

AFRIQUE

OCÉAN PACIFIQUE

OCÉAN PACIFIQUE

AMÉRIQUE DU SUD

OCÉAN INDIEN

AUSTRALIE

↑ Madagascar

OCÉAN AUSTRAL

ANTARCTIQUE

Madagascar est une grande île au large de la côte africaine.

Madagascar est la quatrième des plus grandes îles du monde.

OCÉAN INDIEN

AFRIQUE

Madagascar

Canal du Mozambique

OCÉAN INDIEN

FOSSA

CAMÉLÉON PANTHÈRE

GRENOUILLE TOMATE

À Madagascar, on trouve des plages, des déserts, des forêts et des montagnes.

Une foule de plantes et d'animaux vivent uniquement sur cette île. Le fossa, le caméléon panthère et la grenouille tomate sont quelques-uns des habitants de Madagascar.

Petits et grands

MICROCÈBE DE Mme BERTHE

Le plus petit lémurien est le microcèbe de Mme Berthe.

Ce minuscule lémurien n'est pas plus gros qu'une souris. Il ne pèse que 35 grammes (1 oz). C'est à peu près le même poids qu'une tranche de pain. Son corps ne mesure que 10 centimètres (4 po), ou environ 3 trombones alignés, mais sa queue de 13 centimètres (5 po) fait plus que doubler la longueur totale de son corps!

INDRI

Le plus gros lémurien est l'indri.

Son corps mesure entre 60 et 90 centimètres (entre 2 et 3 pi). C'est environ la longueur d'un bâton de baseball! Il peut peser jusqu'à 10 kilogrammes (22 lb), environ autant qu'un pneu d'automobile.

Connais-tu d'autres animaux qui ont la même taille?

Des lémuriens en quantité!

Il existe plus de 100 espèces de lémuriens.

Aye-Aye
Quand un aye-aye est excité ou effrayé, ses longs poils blancs se dressent sur sa fourrure sombre.

Vari noir et blanc
Quand il se promène dans la forêt, le vari noir et blanc répand le pollen qui est resté collé aux poils de sa fourrure.

Vari roux

Ce lémurien aux poils roux aboie plus fort que tous les autres!

Microcèbe mignon

Ce petit lémurien mange surtout des coléoptères.

Indri

L'indri s'accroche aux arbres avec ses grosses pattes.

Lémur couronné

Les mâles et les femelles de cette espèce ont une « couronne » de poils sur la tête.

Lémur mongoz

Ce lémurien est actif soit le jour, soit la nuit, dépendamment de la saison.

Lémur aux yeux turquoise

Chez les mâles de cette espèce, le pelage est noir, tandis que chez les femelles, il est orange-brun.

Lémur à ventre rouge

Les mâles de cette espèce transportent leurs bébés avec eux, tout comme le font les femelles.

Lémur catta

Ce lémurien cherche des fruits et chasse des chenilles sur le sol et dans les arbres.

Regarde-moi bien!

La fourrure du lémur catta est noire, grise et blanche. Il a des cercles autour des yeux et une queue rayée.

Il a deux grands yeux pour bien voir.

Avec ses petites oreilles, il entend les cris des autres lémuriens de sa troupe.

Il a un excellent sens de l'odorat. Son nez est sur son museau.

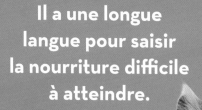

Il a une longue langue pour saisir la nourriture difficile à atteindre.

Sa fourrure est épaisse et soyeuse.

Ses longs bras et ses longues jambes sont parfaits pour grimper aux arbres et se balader de branche en branche.

Grâce à ses mains à cinq doigts et à ses pieds à cinq orteils, il peut s'accrocher partout.

Sa queue touffue est plus longue que son corps.

Faits pour sauter

Le corps du lémurien est fait pour grimper et sauter. Il prend appui sur ses jambes puissantes, se propulse et attrape la branche suivante avec ses longs bras.

En sautant, la plupart des lémuriens peuvent franchir une distance de six fois la longueur de leur corps.

Regarde! Ce lémurien semble planer dans les airs!

Précieux primates

Les lémuriens appartiennent à la même famille que les singes, les grands singes, les tarsiers, les galagos et les pottos. Ces animaux ont tous une chose en commun : ce sont des primates.

Et devine qui d'autre est un primate. Toi!

tarsier

singe

potto

galago

grand singe

Les lémuriens vivent sur l'île de Madagascar depuis très longtemps. Au fil des années, ils sont devenus très différents de leurs cousins.

Contrairement aux autres primates, les lémuriens ont le nez humide, un excellent odorat et des yeux qui reflètent la lumière.

21

Qu'est-ce qu'on mange?

Des feuilles, des fruits et des insectes... miam! La plupart des lémuriens mangent des fruits, des feuilles, des fleurs, de la sève d'arbre et même de l'écorce!

Beaucoup sont omnivores, c'est-à-dire qu'ils se nourrissent à la fois de végétaux et d'animaux, comme des insectes. Certains sont phyllophages : ils ne mangent que des feuilles.

Les lémuriens raffolent des tamarins, des fruits juteux qui poussent dans les arbres, sous forme de gousses.

Quand un lémurien a soif, il boit l'eau sur les feuilles, dans des mares ou sur n'importe quelle surface humide.

Comment le lémurien fait-il pour trouver sa nourriture? Il explore ses environs et ramasse ce qu'il peut.

Il arrive parfois que la nourriture manque, mais les lémuriens ont su s'adapter en changeant leur comportement pour survivre. Ils mangent autant que possible quand les arbres sont pleins de fruits, et cela leur permet de survivre quand les arbres sont vides.

La vie en troupe

Tout le monde est là! Les lémuriens vivent dans des groupes appelés des troupes. La plupart des troupes ne comptent que 4 ou 5 lémuriens, mais chez certaines espèces, la troupe peut en compter 20 ou même 30.

C'est habituellement une femelle qui dirige la troupe : elle décide de la direction à prendre et guide sa troupe vers de la nourriture ou un abri.

Tout propre!

C'est difficile de rester propre quand on passe la journée à grimper ici et là, à Madagascar. Mais les lémuriens ne restent pas sales longtemps!

Les lémuriens d'une même troupe font leur toilette... et celle des autres. Ils enlèvent la boue, les feuilles et les insectes restés pris dans leurs longs poils.

Les lémuriens utilisent leurs griffes spéciales, leurs dents et leur langue pour se nettoyer, se brosser et se débarrasser de la saleté.

Cette longue griffe est une griffe de toilette! Les lémuriens l'utilisent pour enlever la saleté prise dans leurs poils.

peigne dentaire

Les lémuriens ont une rangée de dents dont ils se servent comme d'un peigne! Ils ont même une deuxième langue qui sert à nettoyer leurs dents après s'être lavés.

Trop mignons!

Les bébés lémuriens sont appelés des nourrissons. Ils ressemblent beaucoup à leurs parents, mais en plus petits. Ils sont tellement mignons!

Les nourrissons s'accrochent à leur mère et n'en décollent pas. C'est vrai! La maman lémurien transporte ses petits sur son ventre durant les trois premières semaines de leur vie. Ensuite, pendant quelques mois, ils se promènent sur son dos.

Les petits lémuriens de la troupe adorent jouer. Ils se pourchassent, se mordillent et se chamaillent.

La plupart des mamans lémuriens ont un ou deux bébés à la fois.

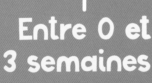

À la naissance :

Les bébés lémurs cattas sont petits, couverts de poils et absolument adorables.

Entre 0 et 3 semaines :

La maman transporte ses bébés sur son ventre.

À 2 semaines :

Les lémurs cattas mangent des aliments solides et boivent le lait de leur mère.

Entre 3 et 4 semaines :

Les lémurs cattas commencent à grimper seuls.

À 4 mois :
Ils passent la
majeure partie du
temps loin de leur
maman.

**Entre
5 et 6 mois :**
Le lait, c'est fini! Ils
mangent seulement la
nourriture qu'ils trouvent.

**Entre
1 et 3 ans :**
Le lémur catta
est maintenant
indépendant.
À trois ans,
c'est un adulte!

Qu'est-ce que tu dis?

Les lémuriens **grognent**, **hurlent**, **crient**
et **gazouillent**.
Ces sons leur permettent de communiquer entre eux.

Selon les scientifiques, voici ce que pourraient vouloir
dire les sons suivants :

HMM =
« Salut, l'ami! »

CRI PERÇANT =
« Attention! Danger à proximité! »

RONRONNEMENT =
« Je suis là, mon petit. »

HURLEMENT =
« Sauve qui peut! »

33

La plupart des petits lémuriens sont nocturnes, c'est-à-dire qu'ils sont actifs la nuit. La plupart des gros lémuriens sont diurnes, ou actifs le jour.

Les lémuriens aident aussi les végétaux à pousser! Quand ils mangent des fruits ou quand ils font leurs besoins, ils laissent des graines derrière eux.

Les lémurs cattas mâles peuvent donner une très mauvaise odeur à leur queue. Ensuite, ils la secouent devant leurs ennemis. C'est ce qu'on appelle se battre à l'odeur.

Les lémuriens ont le nez humide, comme les chiens!

L'indri est le plus grand lémurien vivant, mais une espèce plus grande, qui avait la taille d'un gorille, a déjà existé!

Les varis noir et blanc sont les seuls lémuriens qui construisent un nid pour leurs bébés. Ils peuvent avoir jusqu'à six bébés à la fois!

Les lémurs cattas peuvent produire 22 sortes de sons.

Lémuriens en danger

Les lémuriens vivent sur l'île de Madagascar depuis très, très longtemps. Avant, il y avait très peu de dangers pour eux. Le plus grand prédateur naturel des lémuriens est le fossa.

Aujourd'hui, les lémuriens de Madagascar sont en danger à cause des humains.

Les gens ont abattu les arbres des forêts où la plupart des lémuriens mangeaient et vivaient. Les humains ont construit des maisons, des fermes et des routes dans l'habitat des lémuriens.

Maintenant, les lémuriens ont très peu d'espace pour vivre. Ils ont aussi moins de nourriture à manger.

J'♥ les lémuriens

Bien des gens veulent aider les lémuriens.
Certaines personnes ont formé des groupes pour
les protéger, eux et leur habitat.

Dans les zoos, à Madagascar et partout ailleurs dans le monde, on élève des lémuriens et on en prend soin. Beaucoup de gens, y compris des enfants futés comme toi, apprennent comment aider les lémuriens!

Tu peux faire ta part, toi aussi!

Tu veux aider les lémuriens? Tu peux en adopter un!

Cela ne veut pas dire que tu auras un lémurien chez toi comme animal de compagnie. Ta famille et toi pouvez plutôt donner de l'argent pour aider les lémuriens dans la nature et dans les zoos. Tu peux ainsi contribuer à acheter de la nourriture pour les lémuriens, à les garder en sécurité et à protéger leurs habitats.

S'il y a un zoo près de chez toi, va voir s'il a un programme d'adoption pour les lémuriens.

Chez les lémuriens

Les lémuriens vivent dans différents habitats!

Quels sont les habitats parfaits pour les lémuriens?

la forêt

l'océan

l'Arctique

les marais

la montagne

la ville

Les lémuriens vivent dans les forêts, les marais et les montagnes.

Vous voulez développer l'intérêt de votre enfant pour les lémuriens?

Vous pouvez vous impliquer ensemble de toutes sortes de façons! De nombreux zoos hébergent des lémuriens. Si possible, organisez une visite dans un zoo pour voir des lémuriens en vrai et en apprendre davantage à leur sujet. Vous pouvez aussi, sans même sortir de la maison, faire des recherches sur Internet! Utilisez des mots-clés comme « cri du lémurien » pour les écouter parler, « aider les lémuriens » pour découvrir comment vous impliquer, ou « bébés lémuriens » pour voir des photos et des vidéos de ces petits animaux si charmants! Voici d'autres activités à faire avec votre enfant.

 ## Affiche « Sauvons les lémuriens » (bricolage)

Vous voulez aider à sauver les lémuriens? Parlez-en! Invitez votre enfant à dessiner une affiche que vous pourrez accrocher à la maison ou à l'école. Prenez une grande feuille de papier ou un grand carton et des crayons-feutres ou des crayons de cire. Votre enfant pourra choisir son lémurien favori dans le livre et le dessiner au centre de la feuille. Ensuite, écrivez « SAUVONS LES LÉMURIENS » en haut de l'affiche. Au bas, aidez votre enfant à écrire quelques faits pour expliquer pourquoi les lémuriens sont en voie de disparition et ce que vous pouvez faire pour les aider.

Faire semblant (bricolage et mouvement)

Déguisez-vous en lémuriens avec des costumes faits maison. Pour le masque, il vous faut une assiette en carton blanc, des crayons de cire, du papier construction, de la colle et de la ficelle. Aidez votre enfant à découper des trous pour les yeux au milieu de l'assiette. Découpez deux triangles en papier de construction pour faire les oreilles, et collez-les sur l'assiette en carton. Demandez à votre enfant de dessiner un nez et une bouche, puis de colorier le masque de lémurien en rouge, en brun, en gris ou en noir avec les crayons de cire. Poinçonnez deux trous (un de chaque côté de l'assiette) passez un bout de ficelle dans chaque trou, puis faites un nœud pour qu'elle tienne en place. Il ne manque plus qu'une queue pour terminer le déguisement de lémurien : accrochez un rouleau de papier essuie-tout à l'arrière du pantalon de votre enfant avec une épingle de sûreté. Maintenant, il ne lui reste plus qu'à courir, sauter et grimper. Fabriquez un costume de lémurien pour vous aussi, et montrez à votre enfant comment faire sa toilette!

Fiches d'information sur les lémuriens
(test de connaissances)

Créez des fiches d'information sur les lémuriens. Demandez à votre enfant de choisir un de ses lémuriens préférés dans le livre, puis de le dessiner sur un côté d'une fiche. Aidez votre enfant à écrire une question à propos de ce lémurien en dessous du dessin. Au verso, écrivez la réponse à la question. Fabriquez plusieurs fiches de la même façon. Votre enfant pourra apporter ses fiches d'information à l'école ou pour jouer chez ses amis, et même les utiliser à la maison pour informer votre famille à propos des lémuriens.

Visite à Madagascar (liens culturels)

Madagascar est un endroit magnifique et diversifié où vivent les lémuriens et beaucoup d'autres animaux et végétaux. Vous pouvez « visiter » Madagascar sans sortir de la maison. Il existe de nombreux documentaires mettant en vedette Madagascar, sa faune et sa flore. Les lémuriens voleront la vedette!

GLOSSAIRE

S'adapter : changer son comportement selon les conditions ou l'environnement

Diurne : actif durant le jour

En voie de disparition : quand toute une espèce risque de disparaître (ou de s'éteindre)

Faire sa toilette : se nettoyer, se brosser et prendre soin de soi-même ou des autres

Un habitat : endroit où vit un animal dans la nature

Nocturne : actif durant la nuit

Omnivore : animal qui mange des végétaux et des animaux

Un prédateur : animal qui chasse et mange d'autres animaux pour se nourrir

Les primates : ordre d'animaux qui comprend les lémuriens, les singes, les grands singes et les humains

Une espèce : groupe d'animaux apparentés qui ont beaucoup de caractéristiques similaires

Pour Alex, qui adore les lémuriens – A. B.

Page couverture, G & M Therin Weise/Getty Images; quatrième de couverture, Eric Isselee/Shutterstock; 1, Klein & Hubert/naturepl; 5, Jak Wonderly/NGS; 6 (GA), Ellen B. Goff/Danita Delimont/Danita Delimont; 6 (DR), Martin Harvey/Getty Images; 7 (HA GA), Jouan & Rius/naturepl; 7 (HA DR), Otto Plantema/Minden Pictures; 7 (BA), David Pattyn/naturepl; 8, NG Maps; 9 (HA), Lorraine Bennery/naturepl; 9 (BA GA), George Grall/Alamy Stock Photo; 9 (BA DR), Thomas Marent/Minden Pictures; 10, Houdin et Palanque/naturepl; 11, Zoonar GmbH/Alamy Stock Photo; 12 (GA), Chien Lee/Minden Pictures; 12 (DR), Konrad Wothe/Minden Pictures; 13 (HA), Christian Hutter/Alamy Stock Photo; 13 (GA), Tony Camacho/Science Source; 13 (DR), Andy Rouse/naturepl; 14 (GA), Nick Garbutt/naturepl; 14 (HA DR), Suzi Eszterhas/Minden Pictures; 14 (BA DR), Huetter, C./Imagebroker/Alamy Stock Photo; 15 (HA), Bernard Castelein/naturepl; 15 (BA), Rosanne Tackaberry/Alamy Stock Photo; 16-17, Eric Isselee/Shutterstock; 19, gerard lacz/Alamy Stock Photo; 20 (GA), Thomas Marent/Minden Pictures; 20 (DR), Anup Shah/Minden Pictures; 21 (HA GA), Daniel Heuclin/naturepl; 21 (HA DR), Thomas Marent/Minden Pictures; 21 (CTR), Roland Seitre/Minden Pictures; 22 (GA), Valeriy Tretyakov/iStockphoto/Getty Images; 22 (DR), Anup Shah/Getty Images; 23 (GA), Vince Burton/Alamy Stock Photo; 23 (DR), Alison Jones/Alamy Stock Photo; 25, Cyril Ruoso/Minden Pictures; 26, Zoo-Life/Alamy Stock Photo; 26 (en médaillon), Sara Rowe Clark/Duke Lemur Center; 27, Appfind/iStockphoto/Getty Images; 29, Cyril Ruoso/Minden Pictures; 30 (à la naissance), Suzi Eszterhas/naturepl; 30 (0-3 semaines), Suzi Eszterhas/naturepl; 30 (2 semaines), iculizard/iStockphoto/Getty Images; 30 (3-4 semaines), PA Images/Alamy Stock Photo; 31 (4 mois), gracieuseté de Rod Kuba; 31 (5-6 mois), Suzi Eszterhas/naturepl; 31 (1-3 ans), Mike Powles/Science Source; 32, Arterra Picture Library/Alamy Stock Photo; 33 (HA GA), Martin Harvey/Getty Images; 33 (DR), Suzi Eszterhas/Minden Pictures; 33 (BA), RMMPPhotography/Shutterstock; 34-35, Nick Garbutt/naturepl; 36, J-L Klein et M-L Hubert/naturepl; 37, mihtiander/iStockphoto/Getty Images; 38 (GA), The Asahi Shimbun/Getty Images; 38 (HA DR), AP Photo/Jerome Delay; 38 (BA DR), AP Photo/Joana Coutinho; 39 (HA GA), Rebecca Krizak/picture alliance/Getty Images; 39 (CTR GA), Chairat Rattana/iStockphoto/Getty Images; 39 (BA GA), Filippo Monteforte/AFP/Getty Images; 39 (DR), Luis Robayo/AFP/Getty Images; 41, Godong/Alamy Stock Photo; 42 (GA), Otto Plantema/Minden Pictures; 42 (DR), Greens and Blues/Shutterstock; 43 (HA GA), Lua Carlos Martins/Shutterstock; 43 (HA DR), Edwin Giesbers/naturepl; 43 (BA GA), Daisy Gilardini/Danita Delimont; 43 (BA DR), Roschetzky Photography/Shutterstock.

Catalogage avant publication de Bibliothèque et Archives Canada

Titre: Les lémuriens / Alli Brydon ; texte français du Groupe Syntagme.
Autres titres: Lemurs. Français
Noms: Brydon, Alli, auteur.
Collections: National Geographic Kids.
Description: Mention de collection: National Geographic Kids | Vie sauvage | Traduction de : Lemurs.
Identifiants: Canadiana 20220286450 | ISBN 9781443199704 (couverture rigide)
Vedettes-matière: RVM: Lémuriens—Ouvrages pour la jeunesse.
Classification: LCC QL737.P95 B7914 2024 | CDD j599.8/3—dc23

Édition publiée par les Éditions Scholastic, 604, rue King Ouest, Toronto (Ontario) M5V 1E1, Canada, avec la permission de National Geographic Partners, LLC.

5 4 3 2 1   Imprimé en Chine 38   23 24 25 26 27

NATIONAL GEOGRAPHIC et la bordure jaune sont des marques de commerce de National Geographic Society, utilisées avec autorisation.

Conception graphique de Kathryn Robbins

L'auteure et l'éditeur tiennent à remercier Sara Clark du Duke Lemur Center d'avoir révisé le livre à titre d'experte, ainsi que l'équipe d'édition de National Geographic : Angela Modany, corédactrice; Shelby Lees, rédactrice en chef; Sarah J. Mock et Liz Seramur, éditrices photo; Kathryn Robbins, conceptrice principale; Mike McNey, cartographe principal; Alix Inchausti, directrice de la production; Anne LeongSon et Gus Tello, adjoints à la conception et à la production.